AF371147

JOURNAL PARISIEN
DES ANNÉES 1412 ET 1413

Au cours de la mission qui nous a permis, à la fin de l'année 1876, de collationner à Rome le manuscrit adopté comme base de notre édition du *Journal d'un bourgeois de Paris*, notre attention s'est portée sur un fragment de Journal parisien pour les années 1412 et 1413, qui nous a paru non seulement différent du *Journal d'un bourgeois de Paris*, mais encore de toutes les chroniques, connues jusqu'ici, se référant au règne de Charles VI. Ce fragment, dont nous avons pris copie et que nous croyons intéressant de faire connaître, est extrait d'un manuscrit du Vatican, fonds de la Reine de Suède, n° 1502, où il forme un cahier, tout maculé de boue, dont l'écriture est du xvᵉ siècle. L'auteur inconnu de ce *Journal* est certainement Parisien ; un habitant de Paris, seul, était à même d'entrer dans les détails où se complaît le narrateur ; c'est ainsi qu'il s'étend volontiers sur les nombreuses processions qui furent organisées à Paris durant l'année 1412, énumérant les reliques qui furent portées dans ces cérémonies religieuses, ce qui tendrait à faire croire qu'il pourrait bien appartenir au clergé. Quels étaient ses sentiments, il ne les laisse pas trop deviner ; pourtant il ressort clairement des feuillets qui nous ont été conservés qu'il ne devait pas être du parti Armagnac, car il ne ménage guère ses adhérents. Dans maintes occasions, il va même jusqu'à les qualifier de traîtres, « qui tendoient de jour en jour à detruire le noble royaulme de France » ; malheureusement, il nous paraît bien difficile de dégager la personnalité de l'auteur de notre récit.

A. Tuetey.

Mardy, ceulx de Sainct-Germain-des-Prez et Sainct-Eloy alerent à Sainct-Martin-des-Champs, nus piez et à torches, portans le corps mons[r] sainct Germain et saincte Aure[1], comme devant.

Item, ce jour, les   aprentis de la mercherie, chascun nuz piés et ung cierge en son poin de cire blanche peinte où estoit escript *Vive le Roy*, et ung escusson à III fleurs de lis, firent faire autour du cloestre Sainct-Innocent une noble procession, où estoient bien XL prestres, tous chascun un reliquere en son poin, puis firent dire en ladicte eglise devant l'autel sainct Loys une belle messe, où estoient bien... des meilleurs chantres qui pour lors fussent à Paris, et avoit orgues et grant quantite de bas instrumens, tant que le [peuple] disoit que c'estoit la plus belle messe que oncques ilz eust [veu] dire ne chanter.

Mercredi ensuivant, ceulx des Carmes, chascun ung reliquaire à sa main, nuz piez, alerent au Sepulcre[2]; et là dirent une belle messe et firent ung moult bel sermon.

Joeudi, les chauchetiers, nuz piez, chascun ung cierge en sa main, alerent à Nostre-Dame-des-Vausces en la Cite[3] et là firent dire une moult solempnele messe.

Vendredi ensuivant, (x[e]) de juing, tous les eglises de Paris et les Mendians[4] alerent à Nostre-Dame de Paris, et là fut prise la châsse sainct Marcel avec grant quantite d'aultres sainctes reliques, et alerent querir la châsse saincte Geneviefve, et revindrent à Nostre-Dame, où fut dite une solennele messe. Et en la compaignie des II chasses estoient les chasses saincte Clote, femme du Roy Clovis, premier roy de France, sainct Benoist, sainct Germain, saincte Oportune et une de ses costes, et la chasse sainct Justin et [sainct] Justinien, le corps du sainct Innocent tout nutz, les chiefs mons[r] sainct Jacques

---

1. Les reliques de saint Germain, évêque de Paris, étaient conservées à Saint-Germain-des-Prés, et celles de sainte Aure, première abbesse du monastère de Saint-Éloi, dans l'église de Saint-Éloi.

2. L'église du Saint-Sépulcre, rue Saint-Denis, fut démolie sous la Révolution et remplacée par une grande maison de commerce, connue sous le nom de Cour Batave.

3. Il s'agit de la chapelle de Notre-Dame-des-Voûtes, au chevet de l'église de Saint-Barthélemy dans la Cité, qui fut annexée à cette église et reçut, en 1525, le nom de Notre-Dame-de-la-Fontaine.

4. Les quatre ordres mendiants, Franciscains, Jacobins, Carmes et Augustins.

et sainct Martin, et les bras sainct Thomas d'Acquin et sainct George[1], et moult d'aultres reliques, et tous les III estas de Paris, avecq le cardinal et evesque dessusdit, et la messe finée, fut reconvoiée la chasse saincte Geneviefve, comme elle avoit esté apportée.

Item, ce jour, vindrent à Paris en Nostre-Dame ceulx de Villeneufve-Sainct-George, des aultres villages aussy d'environ, qui aporterent grant quantite de reliques, et estoient hommes, femmes et enffans nuz piez, et portans, chascun selon sa faculté, cierge ou torche ardant[2].

Samedi, XIe jour dudit moys de juing, tous freres et seurs de la Confrarie aux bourgoys de Paris firent chanter en l'église de la Magdelaine en la Cité[3] une messe très notable, et tenoit chascun et chascune ung cierge en sa main devotement.

En ce temps, le seigneur de Bloqueaux[4], Robert Le Roux[5], Clignet de Braban[6], tous III traistres, prindrent par traison la ville de Verum Tierache[7], et quant elle fut robée, Robert

---

1. Le bras de saint Georges se trouvait dans l'église du Sépulcre.

2. Le *Journal d'un bourgeois de Paris*, p. 22, décrit la procession générale du 10 juin, « une des plus honnourables que on eust oncques vue », qui attira un concours extraordinaire d'habitants de Paris et des environs dans un rayon de 4 lieues, et signale notamment la présence de ceux de Villeneuve-Saint-Georges.

3. L'église de la Madeleine, dans la Cité, rue de la Juiverie.

4. Peut-être s'agit-il de Raoul de Boqueaux, chevalier, chambellan du Roi, qui commandait la place de Pierrefonds.

5. Le Roux (Robert), écuyer, au service du duc de Bourgogne, prit part en 1408 à la bataille d'Hasbain où furent défaits les Liégeois, et fut chargé en 1417 d'occuper la forteresse d'Auneau (V. la *Chronique d'Enguerran de Monstrelet*, t. I, pp. 357, 359; t. III, p. 220; la *Chronique de Lefevre de S. Remy*, t. I, p. 13).

6. Breban (Pierre de), dit Clignet, seigneur de Landreville, amiral de France (V. sur ce personnage le *Journal d'un bourgeois de Paris*, p. 68, note 2).

7. Juvénal des Ursins rapporte cet événement en ces termes : « Le seigneur de Bloqueaux, Robert le Roux et messire Clignet de Breban prirent la ville de Vernon et firent plusieurs courses, et dommaiges au pays, et ne demeura en la place que Bloqueaux, les autres s'en allerent. Les communes du pays, voyans les maux que leur faisoient ceux qui estoient dedans, delibererent de les assieger. Et de fait, à l'aide d'aucuns officiers du Roy, les assiegerent, et trouva Bloqueaux moyen de s'eschapper, et se rendirent ceux de dedans, où fut pris Simon de Banvion et six autres, qui furent amenez à Laon et la eurent les testes coupées. »

de Clignet, atout leur pillage s'en partirent, et Bloqueaux demoura qui sus piez, fut assiegée des communes de Rains, de Chalons, de Laon, de Soissons, de Noyon, de Sainct-Quentin et d'aultres plusieurs bonnes villes, et avoit audit siege plusieurs bons gentilzhommes, qui de bon cueur faisoient leur devoir, et eussent prins ledit Bloqueaux, si comme l'on dit, se le ballif de Vermendoys[1] eust pour le Roy fait son devoir, mais lui et le sire Chint[2] firent les communes assaillir d'un costé, et les traistres s'en fuirent d'aultre costé, dont ilz furent tres fort blasmés, mais nonobstant ung chevalier, nommé Symon de Bannon, et vi escuiers furent prins, auxquelz le prevost forain de Laon[3] fist coupper les testes, dont le baillif et le sire Chint furent moult couroucez, mais pour lors n'en oserent dire ne faire riens, et manderent les communes au Roy, qui estoit devant Bourges en Berry au siege, comment la chose estoit alée, dont il fut tres dolent.

Lundi ensuivant, xiiie dudit moys, ceulx de Sainct-Mor-des-Fossés, acompaigniez des Bons Hommes du Bois de Vinciennes et de xvi villaiges, apporterent le benoist corps mondit seigneur sainct Mor et le chief de mons[r] sainct Blaise, avec moult d'aultres sainctes reliques, et alerent tout droit à Nostre-Dame de Paris, et là dirent une tres devote messe, et estoient hommes, femmes et enfans, dont grant multitude y avoit, tous nuz piez, et pourtoient les hommes torches toutes ardans, et par especial en y avoit iiii tres notables[4]. Ce jour, ceulx de Sainct-Eustace porterent le corps dudit sainct Eustace à Sainct-Anthoine le Petit[5], et là dirent une moult solennelle messe.

---

1. Le bailli de Vermandois était alors Jean de Bains.

2. Probablement Gilles de Chin, seigneur de Busigny.

3. Peut-être s'agit-il de Thomelaire, prevôt de Laon en 1432, « qui fut assiegé à Passavant par le duc de Bar », fait prisonnier et exécuté. (*Chronique de Monstrelet*, t. V, p. 42.)

4. Le *Journal d'un bourgeois de Paris*, p. 22, relate ainsi cette venue des habitants de Saint-Maur : « Lundi, xiiie jour dudit moys, vindrent ceulx de Saint-Mor-des-Fossez, acompaignez de xviii banieres, des reliques tres grant foison, vingt croix, tous piez nudz à Nostre-Dame de Paris, chanterent la grant messe. »

5. L'église du Petit-Saint-Antoine se trouvait rue du Roi-de-Sicile et rue Saint-Antoine.

En ce temps, la ville et chastel de Dun, qui moult sont fors et bien garnies de gens d'armes, se rendirent au Roy, saulve (leur) vie et leur harnoys, par si que ilz jurerent jamais eux armer contre le Roy[1], et aussy fist Yssodun[2] et plusieurs aultres villes, forteresses et chasteaux en Berry, auquel le Roy, comme piteux et debonnaire, pardonnoit leur faulte, pour ce que les ungs estoient sodoiers non tenans du Roy, et aux aultres, pour ce que sans lui travellier se venoient rendre.

Samedi, xi⁰ de juing iiiⁱᵉxii, arriva le Roy devant la cité de Bourges, atout son ost, qui moult estoit grant, et envyronna la cité tout autour, malgré tous les traistres qui dedans estoient, et tenoit le Roy le siege d'un costé, monsʳ de Guyenne d'aultre, et monsʳ de Bourgongne le tiers. Et le lundi ensuivant, les traistres requirent treves jusques au mercredi ensuivant[3], lesquelles le Roy leur envoya comme debonnaire, mais le mardi ensuivant, environ ii heures après midi, les desloyaulx cuidant trouver l'ost nu et desgarny, issirent iiiⁱᵉ [lances] par une faulce poterne pour courir sus à noz gens, qui vaillamment et sy hardiment les reçurent, que à leur dommaige et honte ilz furent repoussés dedans la ville, et y en morut plus de cent sur le champ, et bien xxx noyez et xl et l prins[4]. Et avoient ordonnés que bien ii mil bacinés qui dedens estoient s'en devoient saillir par un lieux, dont les iii devoient aller aux iii-sieges, et le quart qui estoient montez sus chevaulx davantaige devoient à force de chevaulx venir prendre le Roy et

---

1. Le siège de Dun-le-Roi, aujourd'hui Dun-sur-Avron (Cher), est relaté avec détails par Monstrelet (t. II, p. 270). On voit par son récit que les assiégés capitulèrent au bout de neuf jours, à condition que Louis de Corailles, sénéchal du Boulenois pour le duc de Berry, pût revenir auprès de ce duc sain et sauf. Trois jours après la reddition, Charles VI partit, laissant comme capitaine de cette place Gautier de Ruppes, chevalier bourguignon.

2. Juvénal des Ursins (p. 476) mentionne très sommairement la remise des ville et château d'Issoudun sous l'obéissance du Roi.

3. D'après le *Journal d'un bourgeois de Paris*, p. 24 : « les Arminaz demanderent trefves, or furent données deux heures, non plus »; ces trèves furent conclues le 14 juin.

4. Le jour même de la conclusion des trèves, en effet, les assiégés tentèrent une sortie, conduite par le sire de Gaucourt, qui échoua complètement; ils perdirent 120 des leurs, sans préjudice de 40 prisonniers (V. *Monstrelet*, t. II, p. 275, *Journal d'un bourgeois de Paris*, p. 24)

mons^r de Guyenne en leur tentes, et emmener prisonniers, et tuer le duc de Bourgongne, comme par les prisonniers fut sceu, mais Nostre Seigneur, qui tousjours a soustenu et secouru la noble fleur de lis, ne voult pas qu'ilz eschevassent leur tres desloyale entreprinse, et estoient dedans Berry, Bourbon, Albret et Gaucourt[1].

Mardi, xiiie de juing, les xiii parroices de la Cité de Paris[2], nuz piez et tres devotement, alerent dire à Nostre-Dame-des-Champs une messe tres solennelle, et depuis vindrent aux Chartreux dire une anthene de Nostre Dame, et aussy faisoient en aultres lieulx les aultres parroices; et le mercredi ensuivant, ceulx de Sainct-Eustace et de plusieurs aultres eglises alerent, nuz piez comme devant, à Nostre-Dame de Boullongne la petite[3]; et ainsy toute ceste sepmaine, de jour en jour, se continuoient lesdictes processions par grant devocion.

Dimenche ensuivant, les Hospitaliers de Paris et toute la prevosté et viconté alerent, nuz piez comme devant, à Saincte-Geneviefve le Grant[4], et là dirent une belle messe, et puis revindrent au Temple dont ilz estoient partiz en grant devocion. Et le lundi ensuivant, ceulx de Sainct-Germain-des-Prez porterent en ii châsses les benoys corps sainct Aniant et de sainct Lieffroy à Sainct-Martin-des-Champs. Et le mardi ensuivant, les parroices de la Cité alerent à Sainct-Martin-des-Champs en l'estat de dessus, et plusieurs alerent ce jour selonc leur devocion; et le mercredi ensuivant, alerent ceulx de la Saincte-Chapelle et plusieurs aultres eglises à Sainct-Marcel, et fut portée la vraye croix et le chief mons^r sainct Blaise. En ce jour, ceulx de Sainct-Martin-des-Champs vindrent, nuz piez

---

1. A Bourges se trouvaient, indépendamment des ducs de Berry et de Bourbon, des sires d'Albret et de Gaucourt, le comte d'Auxerre, Jean, frère du duc de Bar, le sire de Barbazan, les archevêques de Sens et de Bourges, les évêques de Paris et de Chartres.

2. La Cité comptait quinze églises paroissiales, savoir : Saint-Pierre-aux-Bœufs, Saint-Pierre-des-Arcis, Saint-Christophe, Sainte-Madeleine, Sainte-Marine, Saint-Denis-de-la-Chartre, Saint-Barthélemy, Sainte-Geneviève-des-Ardents, Saint-Symphorien, Saint-Landry, Saint-Germain-le-Viel, Sainte-Croix, Saint-Jean-le-Rond, Saint-Martial et Saint-Michel.

3. Le *Journal d'un bourgeois de Paris*, p. 23, mentionne une procession à Notre-Dame-de-Boulogne la petite, des paroisses de Saint-Nicolas, Saint-Sauveur et Saint-Laurent.

4. Il s'agit de l'église abbatiale de Sainte-Geneviève.

en la Saincte Chapelle et aporterent grant quantite de sainctes reliques.

Item, ceulx des Billectes, des Blans Manteaux et de Saincte-Croix-de-la-Bretonnerie vindrent à Saincte-Katherine-du-Val des Escoliers, tout le peuple aussy y aloit, nuz piez, tres volentiers sans en estre ennuyez, et ce jour, ceulx de Sainct-Maugloire et de Sainct-Leu-Sainct-Gilles, Sainct-Berthelemy et plusieurs aultres eglises, acompaigniez de grant multitude de peuple, tous nudz piez, alerent à la chappelle de Sains Martirs soubz Montmartre, et là furent portées moult de sainctes reliques, et y chanta-on une moult solennelle messe, en priant que Dieu veille garder le noble Roy.

Item, de jour en jour se continuoient lesdictes processions de mieulx en mieulx, tant dedans la bonne ville de Paris comme à l'environ, et portant grant quantité de nobles et sainctes reliques, et aussy chasses que passé a II ou III^c ans n'avoient esté portées, et aussy s'efforcioient les prestres de requerir la court de paradis qui voulsist garder le noble royaulme de France que les traistres tendoient de jour en jour à destruire.

Item, quant au gouvernement de Paris, en gardant la ville jour et nuyt, avoit aux portes et par la ville tres grant et poissant guet, et n'estoit jour que ung des eschevins[1] n'alast par toute la ville à compaignie de II à III^c hommes, bourgoys et marchans, notablement armez et montez, affin que nul inconvenient ne survenist en la bonne ville ; et par ce moyen estoit le peuple en bonne paix, dont le Roy, quant il sot la nouvelle, lequel estoit devant la cite de Bourges, il remercya tres haultement Nostre Seigneur, en disant qu'il estoit plus tenuz à la bonne ville que à tout le monde, et que il tenoit et avoit ferme esperance que Nostre Seigneur luy donroit victoire sur ses ennemis par le moyen de son loyal peuple plus que par aultre chose. Et n'estoit gueres jour que le bon Roy et mons^r de Guyenne ne rescripvissent à la bonne ville en humblement la remerciant et priant de tousjours perseverer, comme bons et loyaulx, dont estoit grant consolacion aux bons et dolour aux malvais.

---

1. Les quatre échevins alors en fonctions étaient Jean de Troyes, Jean de l'Olive, Robert de Belloy et Denis de Saint-Yon.

Item, le Roy estant devant Bourges, furent prins iiii traistres qui estoient sous l'estandart de mons[r] Robert de Boissel [1], maistre d'ostel du Roy et ung des mareschaux de l'ost, lesquelz avoient traictié aux desloyaulx de Bourges de bouter le feu en plusieurs lieux de l'ost, affin que tandis que on entendroit au feu, que ilz courussent à force et destruisissent le Roy et son ost, mays la mercy Nostre Seigneur ilz faillirent à leur envie et par leur confession et par leur desloyal service, les iii en furent sur piez decapitez et escartelez, et mis sur lances à pieces devant les portes de Bourges [2]. Les noms desdiz traictres mors sont Gilles de Soisy [3], escuier, nez de Soisy pres Compiengne, le second Enguerrent de Sevre [4], escuier, nez d'Yenville pres de Estrepagni en Veguessin, et son varlet, et le quart traictre, que on guearda pour plus dire, nommé m[e] Gieffroy Varoul, nez des Basses Marches, secretaire de mons[r] de Guyenne et clerc de mons[r] Robert du Boissel, et avoit ledit clerc revelé aux traictres tout l'estat de l'ost, comme

---

1. Boissay (Robert de), chambellan et premier maître de l'hôtel de Charles VI, qui fut arrêté en 1413, lors de la sédition Cabochienne, incarcéré au Palais avec ses deux fils, et mis en liberté par le duc de Guyenne. Il était, en effet, maréchal de l'armée envoyée contre le duc de Berry et chargé en cette qualité d'éclairer la marche en avant de la Charité-sur-Loire (*Chronique du Religieux de Saint-Denis*, t. IV, p. |641).

2. Le Religieux de Saint-Denis, Monstrelet et Juvénal des Ursins entrent dans les plus grands détails sur ce complot tramé par des gens de la maison de Robert de Boissay, qui formèrent le projet de mettre le feu dans la tente du Roi et avaient des intelligences dans la place de Bourges, renseignant les assiégés sur tout ce qui se passait dans l'armée royale.

3. Gilles de Soisy (ou plutôt de Choisy-au-Bac près de Compiègne) est désigné sous ce nom par le Religieux de Saint-Denis et Juvénal des Ursins; il est improprement dénommé, par Monstrelet, Gilles de Torcy, natif de Beauvais; ses biens confisqués furent rendus à sa veuve, Marguerite la Warente, en octobre 1412, par l'intercession du duc de Guyenne (Arch. nat., JJ. 166, n. 321).

4. Ce nom est défiguré par la plupart des chroniqueurs; Juvénal des Ursins l'appelle Enguerran le Senne; Monstrelet, Enguerran Le Fevre, Normand de nation.

5. Quant au secrétaire du duc de Guyenne, les chroniqueurs donnent un tout autre nom; Monstrelet et Juvénal des Ursins l'appellent Geoffroy de Buillon, secrétaire du Roi; le Religieux de Saint-Denis parle de Geoffroy de Villon.

celluy qui bien le scavoit; car il avoit receu et escript toutes les monstres.

Lundi, iiiie jour de juillet ccccxii, les seigneurs de la Saincte-Chappelle, nuz piez, alerent à Saint-Denis en France et porterent la vraye croix et le chief mons^r sainct Loys, lequel n'avoit este porté, passé avoit lx ans, et alerent en leur compaignie la parroisse Sainct-Eustace, Sainct-Honnouré, Saint-Germain l'Aucerrois, Sainct-Thomas, Saint-Nicolas du Louvre, les Quinze-Vingt, Saint-Innocent, le Sepulcre, Saincte-Oportune, Sainct-Jacques-de-l'Ospital, Saint-Saulveur, la Trinité, les xiii parroices de la Cité de Paris, et les Carmes, Jacobins, Cordeliers et Augustins, et ceulx de Sainct-Bernard, et le peuple environ par commune estimacion xxx mil, la plus grant partie nuz piez estans.

Item, ce jour, plusieurs aultres processions alerent hors de Paris, en l'estat cy devant dist, c'est assavoir, de Nostre-Dame de Boulongne la petite à Nostre-Dame-du-Mestel[1], à Sainct-Mor-des-Fossés, et ceulx de Nostre-Dame de Paris à Sainct-Martin-des-Champs, et moult d'autres processions de villaiges revindrent ce jour à Paris.

Item, ce jour, tandis que on faisoit les processions, ung message vint de par le Roy, lequel aporta lettres à la ville de Paris, comment de Bourges estoient yssus bien cinc cens combatens, qui cuidoient prendre le prevost de Paris qui menoit au Roy tres grant finance de Paris, et c'estoit aresté à la Charité, car plus n'avoit osé aler avant, pour ce que pou de gens avoit[2], mais le bon seigneur de Heily[3], bien acompaignié,

---

1. La chapelle de Notre-Dame-du-Mesche était un lieu de pèlerinage très fréquenté au xve siècle (V. le *Journal d'un bourgeois de Paris*, p. 24, note 3).

2. Voici comment ce fait d'armes se trouve rapporté dans Juvénal des Ursins (p. 476) : « Or fut envoyé le prevost de Paris de par le Roy à Paris, pour avoir argent, lequel en trouva à bien grande peine et difficulté. Et y eut des capitaines de ceux qu'on disoit Armagnacs, qui sceurent que argent venoit à l'ost du Roy, lesquels se mirent sur les champs pour le cuider destrousser. Et vint la chose à la cognoissance du duc de Bourgongne, lequel envoya au devant le seigneur de Helz, bien acompaigné, parce que les autres n'oserent mettre à execution leur volonté, et fut l'argent apporté seurement jusques à l'ost ». *Monstrelet*, t. IV, p. 27, donne également des détails sur cette action, à laquelle prirent part le duc de Lorraine, et les seigneurs de Ronq et de Heilly.

3. Heilly (Jacques, seigneur de), gentilhomme picard, maréchal de

*

osta lesdicts traictres de leur esperance, car il les desconfy, et
en y ot moult grant quantité de mors et prins, dont le peuple
fut moult joyeulx, et louoit chascun des bons Nostre Seigneur,
et disoit-on que de Paris, ce jour, estoient yssus bien de iiii**
à cent mille personnes. Et ce jour, ceulx de la cité de Meaulx
et xxviii villes d'aultour vindrent à Sainct-Denis en France,
mais pour ce que ceulx de Paris y estoient, il les convint
demourer en une ville nommée Hauberviller, pres de Sainct-
Denis, et quant Paris fut yssus, les aultres entrerent et firent
chanter une messe tres devotement. Mardy ensuivant, ceulx
de la ville de Gonnesse et du Bourget vindrent à Nostre-Dame
de Paris, atout grant foison torches, et portoit chascun ung
cierge en sa main, et pourtoient tres honnourables relicques. Ce
jour aussy, aloit par Paris tant de processions que à grant
painne povoit-on aler à cheval ne à piet à l'entour de Paris par
dedans.

Item, ceulx de Saint-Nicolas-des-Champs alerent à Saincte-
Geneviefve le Grant, alerent nuz piez comme devant, mais
avec ce y avoit une moult piteuse chose, car devant eulx
aloient nuz piez et sans cinture et sans chapperon bien iiii^c
petis enfans, et portoit l'on devant eulx une petite bainnière
de soye neufve, et y estoit pourtraict tres richement, d'un
costé monseigneur saint Jehan l'Euvangeliste, et de l'aultre
costé mons^r sainct Nicolas et ses iii clers [1], et avoient une petite
croix tres belle et gracieuse, et aloient lesdiz enfans chantans
ii à ii, tres clere et belle voix, la saincte letanie, et fut leur
procession moult louée de toute gent.

Item, lesdictes processions se continuoient de jour en
jour de bien en mieulx, tant que lez enfans par parroices et
escoles avoient baniere et croix comme devant. Ce temps
durant, le prevost des marchans [2] et ii eschevins, acompaigniez

---

Guyenne, gouverneur de la Rochelle depuis le 14 mai 1411, était l'un des
partisans du duc de Bourgogne et prit part à l'expédition de Jean sans
Peur contre les Liégeois, à la bataille de Tongres; il guerroya contre le
connétable d'Albret, et s'empara de Poitiers, Chizé et Niort; il fut fait
prisonnier par les Anglais une première fois en Guyenne, puis à la bataille
d'Azincourt.

1. Allusion à la légende qui représente saint Nicolas, évêque de Myre,
avec trois enfants miraculeusement sauvés.

2. Pierre Gentien occupa la prévôté des Marchands du 20 janvier
1412 au 16 mars 1413.

de grant quantité de nobles bourgoys et marchans de Paris, richement montez et armez, alerent à Melun, où la Royne et madame de Guyenne [1] estoient, et les receu la Royne tres hounorablement, sy fist madame de Guyenne. La cause pourquoy ledit prevost ala à Melun, si fust que mons[r] de Guyenne envoya l'ost devant Bourges querre madame de Guyenne pour aler par devers lui, et furent les ambaxadeurs mons[r] de Moy [2] et mons[r] Pierre de la Tremoille, s[r] de Dours [3]. Et quant la Royne sot le mandement, elle le fist sçavoir audit prevost et à la bonne ville, que tres grant joye en orent et tres volentiers obeirent, et quant ilz orent esté bien fetoyez par II jours, le prevost print congié de la Royne et de madame de Guyenne, et retourna à Paris et laissa ung des eschevins, bon preudomme et honnorable, nommé Jehan de l'Olive [4], lequel atout ces gens d'armes convoya ladicte dame, sans avoir nulles autres gens d'armes fors son train et estat, qui estoit tres bel, jusques à la cité de Sens; et là demoura la dame, pour ce que mons[r] de Guyenne lui manda qu'il vendroit là à elle, et pour ce ne ala plus avant pour lors, mais elle remercia moult gran-

---

1. Marguerite de Bourgogne, fille de Jean sans Peur, mariée au duc de Guyenne le 31 août 1412, restée veuve le 18 décembre 1415, épousa en secondes noces, en 1423, Artus de Bretagne, comte de Richemont.

2. Mouy (Charles de Soyecourt, seigneur de), chambellan du Roi, capitaine en 1410 du château de Creil, tué en 1415 à la bataille d'Azincourt.

3. Tremoille (Pierre de la), seigneur de Dours, était en 1393 varlet tranchant de Philippe le Hardi, duc de Bourgogne (Arch. nat., JJ. 144, n° 265). Il fit partie de la maison de Jean sans Peur en qualité de chambellan.

4. Olive (Jean de l'), bourgeois de Paris, l'un des échevins, joua un certain rôle dans les événements de cette époque; lors du siège de Bourges, le Borgne de la Heuse et Antoine de Craon, chargés de mettre le siège devant la ville et le château de Dreux, demandèrent le concours des Parisiens, munis d'artillerie. Un corps de 500 combattants fut envoyé sous la conduite d'Andry Roussel et de Jean de l'Olive. (V. *Juvénal des Ursins*.) Le même échevin fut l'un des commissaires nommés pour réformer les abus du royaume (Voir A. Coville, *les Cabochiens et l'ordonnance de 1413*, pp. 177, 192, 214, 361, 401). Jean de l'Olive fut impliqué dans la conjuration d'avril 1416 et « condampné pour crime de lèse-majesté » (*Journal d'un bourgeois de Paris*, p. 70, note 2). On le retrouve peu avant l'entrevue de Montereau faisant partie d'une députation envoyée par les Parisiens au dauphin Charles pour l'engager à ratifier la paix conclue avec le duc de Bourgogne. (V. *la Chronique du Religieux de Saint-Denis*, Léon Mirot, *Les d'Orgemont*, pp. 170, 171.)

dement ceulx de Paris et les festia moult honnorablement, et si furent lesdits devant dits II chevaliers, et puis retourna ledit de l'Olive et sa compaignie à Paris, où ilz furent leement receuz.

C'est le traitié fait devant Bourges, lequel fut fait le mardi XII⁰ jour de juillet mil cccc xii [1].

« Primo, baillera le duc de Berry les clefz et fera ouverture au Roy, ou à monsʳ de Guyenne pour le Roy, ou à ceulx qu'il y commettra, en mettant la ville de Bourges en la main du Roy, ou de monsʳ de Guyenne pour le Roy, suppliant que du delay ne vueille prendre desplaisir.

« Item, pareillement, sera fait par ledit de Berry et les aultres seigneurs, ses adherens et aliez, de toutes aultres villes et chasteaulx qu'ilz tiennent, desquelz le Roy vouldra avoir ouverture.

« Item, et renonceront promptement ledit de Berry et les aultres seigneurs à toutes aliances et traitiez d'aliances que on dit qu'ilz ont faictes avec l'adversaire d'Angleterre et ses enfans, ou aultres quelconques, contre et ou prejudice du Roy, ne de son royaume ou de ses subgez, et aussy renonceront aux aliances par eulx faictes ensamble contre monsʳ de Bourgongne, lequel pareillement renoncera aux aliances par luy faictes contre eulx ou aucun d'eulx, et de ce bailleront lettres patentes, telles que par le Roy seront ordonnées en la meilleur forme que faire se pourra.

« Item, prometteront de servir, obeir et aidier le Roy contre ledit adversaire et tous ses aultres ennemis, ainsi que par raison ilz sont tenus de faire.

« Item, promettront tenir la paix faicte en la ville de Chartres par le Roy entre les ducs de Bourgongne, d'Orleans, et ses freres, avec les adjunctions, declaracions, mutacions, ou traictiez de mariaiges, qu'il plaira au Roy faire pour la seureté de ladicte paix, et du consentement des parties.

---

1. Les chroniqueurs de l'époque, notamment *Monstrelet* (t. II, p. 287, et *Juvénal des Ursins* (p. 478), reproduisent les principales clauses de ce traité, qui se trouve également analysé, mais très sommairement, dans le *Recueil des traités*, t. I, p. 383.

« Item, promettront les parties tenir, acomplir tout ce que par le Roy et pour la seurté et acomplissement des choses dessusdictes sera ordonné, tant par serement d'eulx, de leurs obeissans, gens d'église, nobles et aultres que le Roy eslira et que les parties requerront, comme pour mettre en la main du Roy et rapporter de leurs villes et seignouries, chasteaux et forteresses, comme le Roy fera declarer.

« Item, quant ad ce que les dessusdis ont requis restitucion de leurs terres et seigneuries, mises en la main du Roy, estre faicte, monsʳ de Guyenne et monsʳ de Bourgongne et aultres estant du sang du Roy presentement avec le Roy, prierent et requerrent (loyaulment et en bonne foy faire) au Roy, lui venu en estat, qu'elles soient à eulx restituées, et promettront loyaulment et en bonne foy d'en faire leur loyal povoir, moyennant que, leurs terres restituées, ilz tendront les vassaux et subgez d'icelles et de celles qu'il tient pour le present paisible et en l'estat qu'ilz estoient par avant, sans lez travaillier, ne donner empeschement en aucune maniere, et sans porter hayne ne dommaige à quelconque personne, pour les causes passées, et sur telles painnes que le Roy advisera, et samblablement sera fait par l'aultre partie. »

Ce fait, le Roy se partit et tout son ost, qui moult estoit grant et noble, et vint à Auxerre, et là vindrent les seigneurs dessus nommez et grant quantité de prelas et clercs de l'Université de Paris, le prevost des marchans et ii eschevins, et vint honnorables bourgoys et marchans et de plusieurs aultres bourgoys de plusieurs citez de France [1], et là fut faite la paix des seigneurs jurée et affermée tenir comme dessus, mais pour ce que le Roy n'estoit point en bon point, la restitucion des terres cessa jusques à la santé du Roy [2]. Et là cuida Charles

---

1. Ce fut par ordre exprès du Roi que furent convoqués à Auxerre, pour la confirmation du traité de paix, des membres du Parlement, de la Chambre des Comptes, de l'Université, les prévôts de Paris et des marchands, les échevins et des députés des bonnes villes du royaume, « ja soit que ledit accord et traictié n'eussent pas bien pour agreable » (*Monstrelet*, t. II, p. 294).

2. L'auteur de notre Journal nous parait en contradiction avec d'autres chroniqueurs de l'époque ; tandis qu'il prétend que l'état de santé de Charles VI laissait à désirer, Monstrelet (t. II, p. 295) dit tout le contraire :

d: Labret ravoir l'office de la connestablerie, mais le conte de Saint Pol[1], moult poissemment acompaignié de seigneurs, chevaliers et escuiers, luy contredi, et pour ce se partit ledit de Labret de court sans dire adieu ; et assez tost après le Roy se partit d'Auxerre et s'en vint [à] Melun, où estoit la Royne et tous les seigneurs, c'est assavoir, de Berry, Orleans, Bourgongne, Bourbon, et faisoient bonne chiere l'un à l'aultre, Dieu vueille que ce soit à tousjours mais.

Item, en ce temps le conte d'Alençon[2], le conte de Richemont, frere du duc de Bretaingne, faisoient moult de maulx en Normandie et par entour la ville d'Evreux et aux gens du Roy, mais le conte de Saint Pol, connestable de France, et mareschal de Loingny[3] rencontrerent devant une ville, nommée Saint-Remy-des-Plaines[4], le sire de Gaucourt, acompaignié de vii à viiie traictres, et furent tous desconfiz et mors sur le champ bien iiiie, et le demourant chachié jusques aux portes de la ville d'Alençon, et depuis n'oserent lesdis ii contes gueres lever l'ueil. Et en ce temps fut prins à force et par assault la ville de Dreux et le chastel, qui se tenoient contre le Roy de par Charles de Labret, et fut ladicte ville prinse par le mareschal de Longny et ung vaillant marchant de tapiserie de Paris et bourgoys, nommé Andry Roucel[5], capitainne de ceulx de Paris, qui furent les premiers dedans.

---

il rapporte qu'après avoir quitté Auxerre, « le Roy, estant à Meleun, retourna en assez bonne santé, et pour ce, ung certain jour, à la priere de la Royne, et de sadicte fille, aussi des ducs d'Acquitaine et de Bourgongne et le roy de Cecile ensemble, approuva et eut pour agreable la paix devant dicte ».

1. Waleran de Luxembourg, comte de Saint-Pol, fut nommé gouverneur de Paris et connétable de France, au lieu et place de Charles d'Albret.

2. Jean Ier, comte, puis duc d'Alençon, tué à la bataille d'Azincourt.

3. Loigny (Louis de); chambellan du Roi, avait été nommé maréchal de France au lieu du sire de Rieux, le 4 février 1412.

4. Il s'agit de la bataille de Saint-Rémy-du-Plain, gagnée le 10 mai 1412 par le comte de Saint-Pol sur les Orléanais, que commandait le sire de Gaucourt. Ce fait de guerre est raconté avec détails par *Monstrelet*, t. II, p. 249, et par *Lefèvre de Saint-Remy*, t. I, p. 55, 56.

5. Andry Roussel apparaît pour la première fois en 1411 sous le nom d'Andry de Roussel, dans Juvénal des Ursins; d'après ce chroniqueur il reçut, à cette époque, le gouvernement des archers et arbalétriers de Paris. Suivant le Religieux de Saint-Denis, il assista au siège du château

Le viii⁰ octobre ensuivant, vint le Roy à Paris [1], acompaignié des seigneurs dessus nommez, et portoit le Roy et les aultres seigneurs chapprons de bleu, comme ceulx de Paris, et demourerent lesdis seigneurs avec le Roy, fors le duc d'Orleans, qui par le congié et gré du Roy s'en ala en son pays, et le conte de Vertus [2], son frere, demoura avecques le Roy.

En ce tamps, ung des filz Henry, roy d'Angleterre, nommé Thomas milort [3], descendit en la Basse Normandie atout grant quantité de gens d'armes et archiers, et requeroit aux seigneurs cy devant nommez qu'ilz voulsissent acomplir leurs promesses qu'ilz avoient au Roy d'Angleterre, son père. Et lors le conte d'Alençon et le conte de Richemont se mirent vers lui [4], et le sire d'Alabret et plusieurs aultres traictres, mais quant au duc de Berry, d'Orleans et de Bourbon, ilz n'y alerent point, ne le conforterent quelquement que on sache; toutesfoys le Roy commanda ausdiz seigneurs qu'ilz l'avoient mandé, qu'ilz le feissent widier, pour ce qu'il faisoit moult de maulx, si traicterent avecques lui à certaine somme d'argent; et bailla le duc d'Orleans en hostage son frere, le conte d'Angolesme [5], et par

---

d'Étampes par le duc de Guyenne et prit une part active au siège de Dreux. Roussel fut l'un des meneurs de la conspiration Cabochienne en 1413 et fit partie de la commission criminelle chargée de juger les officiers du Roi faits prisonniers par les séditieux; incarcéré par ordre du duc de Guyenne, il est cité dans les lettres de septembre 1413, parmi les Cabochiens qui furent frappés d'exil et de bannissement.

1. Ce n'est pas le 8 octobre, mais le dimanche 23 octobre que Charles VI rentra à Paris, et, d'après le *Journal d'un bourgeois de Paris*, p. 27, « fut faicte à sa venue la plus grant feste et joye du commun qu'on avoit veue, passé avoit xii ans ».

2. Philippe d'Orléans, comte de Vertus, était en effet aux côtés du Roi, lors de son entrée à Paris.

3. Thomas de Lancastre, duc de Clarence, quatrième fils de Henri IV, roi d'Angleterre, qui fut tué à la bataille de Baugé, débarqua à la Hougue-Saint-Vaast à la tête d'un corps de 8 000 hommes et dévasta le Cotentin; il se proposait de venir au secours du duc de Berry assiégé à Bourges.

4. Voici en quels termes *Monstrelet* (t. II, p. 291) parle de l'appui donné aux Anglais par les comtes d'Alençon et de Richemont : « Et tantost alerent devers eux les contes d'Alençon et de Richemont, qui de cuer joyeux les receurent, ja soit ce qu'ilz venoient trop tart en leur ayde, et leur fournirent des vivres. »

5. Jean d'Orléans, comte d'Angoulême, quatrième fils de Louis d'Orléans, fut, en effet, livré en otage aux Anglais, en novembre 1412, pour

ce s'en ala ledit Thomas et ses gens en Bourdeloys, et là
demoura en faisant aux gens de France moult de griefz jusques
à Pasques ensuivant, qu'il sot que son pere estoit mort, et le
prince de Galles, son ainsné frere, coronné, et pour ce hasti-
vement il repassa la mer et mena avec luy le conte d'Angolesme.

Item, en ce temps Pierre Gencien, prevost des marchans,
fut desmis de la prevosté[1], pour ce que l'en disoit que luy et
messire Pierre des Essars, prevost de Paris, avoient fait afei-
blir la monnoye d'or et d'argent de pois et de loy, qui estoit
grant dommaige pour le peuple, et ilz en prenoient le prouffit[2].

Item, ou moys de mars IIII^c XII, ledit prevost de Paris cuida
par nuyt faire prendre le pont et la tour de Charenton par
ung de ses serviteurs nommé Thevenin de Brie[3], mais par le
plaisir de Dieu le traitre failly et fut mis en prison, et quant
le prevost le sot, il se partit de Paris secretement[4], et avec luy
Anthoine des Essars[5], son frere, lequel gardoit les goffres du

---

garantie de la somme de 300 000 écus d'or, promise par son frère
Charles d'Orléans au roi d'Angleterre, pour prix du secours que ce
prince devait fournir à la maison d'Orléans contre celle de Bourgogne;
Jean d'Orléans resta en captivité jusqu'en 1444 (V. le *Religieux de Saint-
Denis*, t. IV, p. 720).

1. Pierre Gentien, qui avait remplacé Charles Culdoe à la prévôté des
marchands, fut destitué par la faction Cabochienne, le 28 mars 1413,
mais il fut rétabli dans ses fonctions le 9 septembre suivant (V. le *Journal
d'un bourgeois de Paris*. p. 45, note 1).

2. On voit, en effet, dans les remontrances adressées au Roi par l'Université de Paris, dont le texte a été reproduit par le *Religieux de Saint-
Denis*, t. IV, p. 762, que le bruit public accusait le prévôt de Paris et le
prévôt des marchands d'avoir altéré, de concert avec Michel Lallier, la
monnaie d'or et d'argent, en diminuant l'écu de 2 sols et le blanc d'un
denier. Ce qui pouvait accréditer cette accusation, c'est que Pierre Gentien était général des monnaies, poste qu'il occupa de 1399 à 1418.

3. Ce Thévenin de Brie, que Monstrelet appelle Thomelin de Brie et
l'auteur du *Journal d'un bourgeois de Paris* Colin de Brie, était un
ancien page du Roi; tout un paragraphe est consacré dans le Journal en
question au récit de sa capture et de son exécution aux Halles où il fut
décapité.

4. Pierre des Essarts s'était retiré à Cherbourg, dont il était capitaine.

5. Antoine des Essarts, garde de l'épargne et de la librairie du Roi,
avait été nommé concierge du Palais, le 20 novembre 1411 (V. la note
consacrée à ce personnage dans le *Journal d'un bourgeois de Paris*,
p. 36).

Roy et estoit concierge du Palays, et savoient peu de gens où ilz estoient alez; et environ le xvie d'avril ensuivant, ilz retournerent comme folz à Paris et se logerent en la forteresse Sainct-Anthoine, dont ledit prevost estoit cappitaine.

Item, le xxiiiie dudit moys d'avril iiiic xiii, Andry d'Esparnon[1], nouvel prevost des marchans, les eschevins et moult poissent quantité de ceulx de Paris, armez, alerent ou chastel de Sainct-Anthoine, et là furent prins ledit prevost et son frere, et plusieurs aultres, et puis vindrent en l'ostel de monsr de Guyenne, et là fut pris le duc de Bar, cousin germain du Roy, et plusieurs chevaliers et escuiers, et aultres serviteurs dudit monsr de Guyenne, et fut le duc de Bar et plusieurs aultres menez ou chastelet du Louvre, et les aultres en autres divers lieux. Et fut, ce jour, audit chemin tué un homme nommé Watelet[2], traitre, lequel estoit le meilleur canonnier que on sceut nulle part, et demouroit à Paris, et avoit femme et enfans, mais nonobstant il estoit avec les ennemis du Roy, et estoit en la ville de Bourges, quant le Roy y mist le siege, et geta ung canon jusques à la tente du Roy, et fist moult de grans maulx et dommaiges à ceulx de l'ost, sy en ot à celle heure son paiement devant son huys.

Item, le mardi xxiie de may iiiic xiii, fut prins à Paris Loys, duc en Baviere, frere germain de la Royne de France, monsr Jehan de Nielle, chevalier et chancelier de la Royne, messire Charles de Villiers, maistre d'ostel de la Royne, plusieurs dames et damoiselles de l'ostel de ladicte Royne[3] jusques

---

1. Épernon (André d'), changeur à Paris dans le quartier de Saint-Germain-des-Prés, remplaça, le 16 mars 1413, Pierre Gentien, alors absent, et prit une part active à la révolution cabochienne (V. le *Journal d'un bourgeois de Paris*, p. 28, note 4, et le *Religieux de Saint-Denis*, t. V, p. 8).

2. Juvénal des Ursins et le Religieux de Saint-Denis (t. V, p. 22) le signalent comme attaché à la maison du duc de Berry; le second chroniqueur, qui est plus explicite sur son compte, parle de son habileté à construire et diriger des machines de siège et dit qu'on l'accusait d'avoir projeté d'incendier Paris au moyen d'un feu inextinguible. *Lefèvre de Saint-Remy* (t. I, p. 77) s'exprime à son sujet en ces termes : « Ilz tuerent ung canonnier, nommé Watelet, secretaire du duc d'Orléans. »

3. Au nombre des dames d'honneur de la Reine qui furent incarcérées à la Conciergerie du Palais, figurent Catherine de Villiers, Bonne Visconti, Isabeau Maréchal, Margoerite Aubin, Isabeau des Barres.

au nombre de xv, et de l'ostel de mons[r] de Guyenne, ung chevalier alemant, mons[r] Conrad[1], mons[r] Regnault d'Angennes, messire Enguerrant de Marcongnet[2], mons[r] Raoul Cassinel[3], mons[r] Jacques de la Riviere, frere du conte de Dampmartin, le tresorier dudit seigneur messire Robert du Boessay, maistre d'ostel du Roy, et ses iii filz, moult grant quantité de gentilzhommes et serviteurs du Roy et de mons[r] de Guyenne, et fut tout mis en prison par divers lieux à Paris.

Et en ce temps, s'en fuy le conte de Vertuz, frere du duc d'Orleans[4], lequel conte estoit demouré à Paris pour tenir compaignie au Roy en lieu du conte de Mortain, qui estoit mort[5], et aussy s'en fuyrent plusieurs pour doubted e leur vie.

Item, le jeudi, viie de juing ensuivant, se parti de Paris madame de Charoloys, fille du Roy et femme du conte de Charoloys[6], fil de mons[r] de Bourgongne, et fut ladicte dame convoyée du prevost des marchans, eschevins, bourgoys, à tres belle compaignie, jusques à Saint-Denis, et de là s'en ala à moult grant noblesse en Flandres, où son mary l'attendoit[7].

---

1. Conrad Bayer était maître d'hôtel de la Reine.

2. Enguerran de Marcognet, premier écuyer d'écurie du duc d'Orléans en 1393, puis chambellan de Charles VI, fut l'une des victimes des massacres du Châtelet en 1418 (V. le *Journal d'un bourgeois de Paris*, p. 109, note 1).

3. Raoul Cassinel, seigneur du Mont-Saint-Martin, écuyer tranchant de la Reine en 1395, était à cette époque son maître d'hôtel.

4. D'après *Lefevre de Saint-Remy*, t. I, p. 84, après l'emprisonnement du duc de Bar, le comte de Vertus « se party secretement de la ville de Paris, lui iiie seulement, et s'en alla devers le duc d'Orleans, son frère, lequel estoit à Blois ».

5. Pierre de Navarre, comte de Mortain, frère de Charles III, roi de Navarre, était mort à Auxerre, au retour de l'expédition de Bourges, victime de l'épidémie régnante; son corps fut reçu à Paris à Saint-Antoine-des-Champs, le 5 août 1412, et inhumé aux Chartreux (V. *Monstrelet*, t. II, p. 290).

6. Michelle de France, fille de Charles VI et d'Isabeau de Bavière, avait épousé le 1er juin 1409 Philippe de Bourgogne, comte de Charolais.

7. Ce récit n'est pas absolument exact : la comtesse de Charolais, qui se trouvait à Paris avec son mari, partit le 8 mai pour la Flandre, accompagnée des bourgeois de Paris jusqu'au Landit, et se rendit, ainsi que le comte de Charolais, à l'abbaye de Saint-Denis; leur départ avait été demandé par les Gantois et obtenu du Conseil du Roi, sur les instances de l'Echevinage parisien (V. le *Religieux de Saint-Denis*, t. V, p. 36).

Item, le vendredi ensuivant, mons^r Jacques de la Riviere[1] morut en la prison où on l'avoit mis, mais, ains qu'il se tuast, il confessa que luy et plusieurs aultres qu'il nomma avoient emprins à mettre la bonne ville de Paris en tel estat que on eust dit : « Yci fut Paris », et plusieurs moult horribles traysons contre la couronne il confessa sans gehenne. Et la maniere de sa mort fut telle que d'une pinte d'estain il se donna tant de colps sur la teste qu'il se cassa le test jusques à la chervelle, et ne se pot metre remede que de ce ne morust, mais nom obstant il fut trayné, et es Halles ot la teste copée, et le corps mené au gibet, et avec lui fut par tel parti ordonné tot vif ung nomme Petit Maynil[2], escuier, lequel estoit de la conspiracion, et dist à sa mort que, puis iie ans, milleur prise, ne plus proufitable pour la coronne, n'avoit esté faicte que de ceulx qui estoient pris.

Item, en ce temps pendant, mons^r Arnoul de Corbye[3], qui xxiii ans avoit esté chancelier de France, fut déposé de la chancelerie, et non pas de son congié, et en son lieu fut fait chancelier notable clerc, nommé maistre Eustace de Lestre.

---

1. Jacques de la Rivière, seigneur d'Auneau, fils de Bureau de la Rivière. Diverses versions ont été données par les chroniqueurs au sujet de sa mort. Le *Journal d'un bourgeois de Paris*, p. 31, n'admet que l'hypothèse d'un suicide, d'autres, tels que Monstrelet et Juvénal des Ursins, rapportent qu'Helion de Jacqueville, capitaine de Paris pour les Cabochiens, étant venu le visiter dans sa prison, l'apostropha de façon outrageante, le qualifiant de faux traitre et déloyal, Jacques de la Rivière lui ayant répondu qu'il en avait menti, Helion de Jacqueville lui assena un coup de hachette sur la tête. Le *Religieux de Saint-Denis* donne les deux versions en inclinant pour l'assassinat. Jacques de la Rivière fut traîné et décapité aux Halles, et son corps fut pendu sous les aisselles au gibet de Montfaucon, mais, le 20 août, il fut retiré et inhumé aux Mathurins.

2. Simon du Mesnil, dit le jeune, écuyer tranchant du duc de Guyenne, subit le même sort que Jacques de la Rivière (V. *Journal d'un bourgeois de Paris*, p. 31, note 2).

3. Arnaud de Corbie, qui avait remplacé, en 1388, Pierre de Giac, et avait par conséquent occupé le poste de chancelier pendant plus de vingt-cinq ans, fut destitué par la faction cabochienne, et rappelé après le départ d'Eustache de Laitre, mais refusa de reprendre ses fonctions, en raison de son grand âge (88 ans) (V. le *Religieux de Saint-Denis*, t. V, p. 143).

4. Eustache de Laitre, maître des requêtes de l'hôtel, puis président de la Chambre des Comptes, fut nomme chancelier par la faction cabo-

Item, le samedi, premier jour de juillet ensuivant, messire
Pierre des Essars fu, comme traitre et desloyal à la coronne,
et principal de la conspiration, trainés et decolez es halles de
Paris [1], dont il estoit prevost, et souverain gouverneur des
finances du royaume, et fut son corps pendu au gibet, et nonobstant qu'il avoit bien deservy, le peuple le plegnoit moult et
ot pitie de lui, pour ce qu'il avoit fait au commencement moult
de grans biens, mais il eust tout gasté au dernier, si Nostre
Seigneur Dieu n'y eust pourveu de sa grace; et fut en lieu de
lui fait prevost ung chevalier, nommé le Borgne de la Heuse [2].

---

chienne, mais ne remplit ces fonctions guère qu'un mois, car il fut destitué
le 3 ou 4 août 1413, banni de Paris, et se réfugia dans les États du duc
de Bourgogne; il eut pour successeur Henri de Marle (V. la note consacrée
à ce personnage dans le *Journal d'un bourgeois de Paris*, p. 42, note 5).

1. Le *Journal d'un bourgeois de Paris*, p. 32, 33, donne un récit très
complet de l'exécution de Pierre des Essarts, qui confirme ce que rapporte l'auteur du présent journal, au sujet de l'attitude du peuple. « Tous
ceulx qui le veoient plouroient si piteusement que vous ne oyssiez oncques
parler de plus grans pleurs pour mort de homme, et lui tout seul (le prévôt) rioit ».

2. Robert de la Heuse, dit le Borgne, chevalier, fut nommé prévôt de
Paris après le départ de Pierre des Essarts, mais n'occupa que peu de
temps la prévôté, et fut remplacé par Andry Marchant. Le *Religieux de
Saint-Denis* (t. V, p. 5, 159), après avoir fait son éloge et vanté sa valeur
ainsi que son éloquence, déclare, lorsqu'il fut évincé, qu'il était plus
habile à se battre qu'à rendre la justice.

Extrait des *Memoires de la Société de l'Histoire de Paris
et de l'Ile-de-France*, tome XLIV (1917).

Paris. — Typ. Philippe Renouard. 19, rue des Saints-Pères. — 53907.

9 782329 628882